YO-DKD-981

First published in Great Britain in 1984 by
Octopus Books Limited under the title *Opposites*

This edition published in 1989 by
Treasure Press
Michelin House
81 Fulham Road
London SW3 6RB

© 1984 Octopus Books Limited

No part of this book may be reproduced by any
mechanical, photographic or electronic process, or
in the form of a phonographic recording, nor may it
be stored in a retrieval system, transmitted, or
otherwise be copied for public or private use
without the written permission of the publisher.

ISBN 1 85051 357 0

Printed in Portugal

MY FIRST BOOK OF OPPOSITES

John Farman

TREASURE PRESS

**full
empty**

**big
little**

happy
sad

**wet
dry**

**up
down**

dead
alive

**straight
crooked**

**over
under**

tall
short

sweet
sour

ugly beautiful

**soft
hard**

**difficult
easy**

dull
sharp

**old
new**

rich
poor

**clean
dirty**

**light
heavy**

**high
low**

**fat
thin**

good
evil

**lose
find**

neat
messy

out

in

**even
odd**

warm
cold

**night
day**

rude
polite

**fast
slow**

upstairs downstairs

**asleep
awake**

**smooth
rough**

**brave
cowardly**

**soft
loud**

far

near

round
square

few
many

on
off

above
below

sick

well